上海市工程建设规范

管线工程竣工档案编制技术标准

Technical standard for pipeline project archive filing and arrangement

DG/TJ 08—2459—2024
J 17895—2025

主编单位：上海市城市建设档案馆
批准部门：上海市住房和城乡建设管理委员会
施行日期：2025年6月1日

同济大学出版社

2025　上海

图书在版编目(CIP)数据

管线工程竣工档案编制技术标准 / 上海市城市建设档案馆主编. --上海：同济大学出版社，2025.4.
ISBN 978-7-5765-1564-0

Ⅰ．U172-65

中国国家版本馆 CIP 数据核字第 2025SA4835 号

管线工程竣工档案编制技术标准

上海市城市建设档案馆　主编

责任编辑	朱　勇
责任校对	徐逢乔
封面设计	陈益平
出版发行	同济大学出版社　　www.tongjipress.com.cn
	（地址：上海市四平路 1239 号　邮编：200092　电话：021-65985622）
经　　销	全国各地新华书店
印　　刷	常熟市华顺印刷有限公司
开　　本	889mm×1194mm　1/32
印　　张	2
字　　数	50 000
版　　次	2025 年 4 月第 1 版
印　　次	2025 年 4 月第 1 次印刷
书　　号	ISBN 978-7-5765-1564-0
定　　价	30.00 元

本书若有印装质量问题，请向本社发行部调换　　版权所有　侵权必究

上海市住房和城乡建设管理委员会文件

沪建标定〔2024〕567号

上海市住房和城乡建设管理委员会关于批准 《管线工程竣工档案编制技术标准》为 上海市工程建设规范的通知

各有关单位：

由上海市城市建设档案馆主编的《管线工程竣工档案编制技术标准》，经我委审核，现批准为上海市工程建设规范，统一编号为 DG/TJ 08—2459—2024，自 2025 年 6 月 1 日起实施。

本标准由上海市住房和城乡建设管理委员会负责管理，上海市城市建设档案馆负责解释。

特此通知。

上海市住房和城乡建设管理委员会

2024 年 11 月 5 日

前 言

根据《上海市城市建设档案管理办法》和上海市住房和城乡建设管理委员会《关于印发〈2019年上海市工程建设规范、建筑标准设计编制计划〉的通知》(沪建标定〔2018〕753号)的要求,编制组总结多年来本市管线工程竣工档案管理工作实践经验,结合国家和相关行业标准,并在广泛征求行业内外意见的基础上,制定本标准。

本标准共分7章。主要内容包括:总则;术语;基本规定;工程文件的质量;工程文件的组卷;管线工程电子档案的整理;管线工程纸质档案的整理。

各单位及相关人员在本标准执行过程中,如有意见和建议,请反馈至上海市规划和自然资源局(地址:上海市北京西路99号;邮编:200003;E-mail:guihuaziyuanfagui@126.com),上海市城市建设档案馆(地址:上海市宋园路10号;邮编:200336;E-mail:cjdaghyk@163.com),上海市建筑建材业市场管理总站(地址:上海市小木桥路683号;邮编:200032;E-mail:shgcbz@163.com),以供今后修订时参考。

主 编 单 位: 上海市城市建设档案馆
参 编 单 位: 上海市嘉定区城建档案信息中心
上海市杨浦区规划和自然资源管理事务中心
主要起草人员: 戴 明 毛俊毅 侯斌超 刘庆祥 杨 晨
黄春雷 刘 静 冯丽梅 沈 扬 常 坚
虞 晖 朱蓓娜 胡克震 夏晨龙 徐 洋
范佳伟 唐 岚 张祎瓅 王业欣 朱 红
唐征宇

主要审查人员:吴元祥　周林兴　吕元智　徐　坤　童维骏
　　　　　　　　徐旻洋　梁　静

　　　　　　　　　　　上海市建筑建材业市场管理总站

目 次

1 总 则 ··· 1
2 术 语 ··· 2
3 基本规定 ·· 4
4 工程文件的质量 ·· 5
5 工程文件的组卷 ·· 7
6 管线工程电子档案的整理 ····································· 8
　6.1 管线工程电子档案的组织结构 ···························· 8
　6.2 管线工程电子档案的数据要求 ···························· 9
　6.3 管线工程电子档案的载体要求 ··························· 16
7 管线工程纸质档案的整理 ···································· 17
　7.1 管线工程纸质档案的构成 ······························· 17
　7.2 管线工程纸质档案的规格和装订 ························· 18
　7.3 档案盒 ·· 19
附录A 管线工程竣工档案归档范围 ······························ 20
附录B 工程设计变更依据性文件汇总表的样式 ···················· 27
附录C 编制说明的样式 ·· 28
附录D 案卷备考信息汇总表的样式 ······························ 30
附录E 基本信息表的样式 ······································ 31
附录F 单体表的样式 ·· 32
附录G 案卷目录的样式 ·· 33
附录H 卷内目录的样式 ·· 34
附录J 案卷封面的样式 ·· 35
附录K 案卷备考表的样式 ······································ 36
附录L 图纸的折叠方式 ·· 37

附录 M 档案盒封面的样式 ……………………………………… 38
附录 N 档案盒脊背的样式 ……………………………………… 39
本标准用词说明 …………………………………………………… 40
引用标准名录 ……………………………………………………… 41
条文说明 …………………………………………………………… 43

Contents

1 General provisions ··· 1
2 Terms ·· 2
3 Basic requirements ··· 4
4 Quality of construction documents ··· 5
5 Filing formation of construction documents ····························· 7
6 Arrangement of pipeline project electronic archives ············· 8
   6.1 Organizational structure of pipeline project electronic archives ··· 8
   6.2 Data requirements for pipeline project electronic archives ··· 9
   6.3 Carrier requirements for pipeline project electronic archives ··· 16
7 Arrangement of pipeline project paper archives ················· 17
   7.1 Composition of pipeline project paper archives ······ 17
   7.2 Specifications and binding of pipeline project paper archives ··· 18
   7.3 File box ··· 19
Appendix A Filing scope of pipeline project as-built archives ··· 20
Appendix B Sample of the summary form of the supporting documents of construction design change ······ 27
Appendix C Sample of the filing description ···················· 28
Appendix D Sample of the summary form of the file notes ··· 30

Appendix E   Sample of the basic information form ········· 31
Appendix F   Sample of the single building information form
              ·· 32
Appendix G   Sample of the file list ································· 33
Appendix H   Sample of the innerfile item list ················ 34
Appendix J   Sample of the file cover ······························ 35
Appendix K   Sample of the file note ································ 36
Appendix L   Folding method of the drawing ·················· 37
Appendix M   Sample of the file box cover ······················ 38
Appendix N   Sample of the file box spine ······················· 39
Explanation of wording in this standard ·························· 40
List of quoted standards ·· 41
Provision description ··· 43

1 总　则

1.0.1 为统一管线工程文件的收集、整理、归档以及管线工程竣工档案(以下简称管线档案)验收、移交的标准,建立有效、完整、系统的管线档案,特制定本标准。

1.0.2 本标准适用于本市行政区域 35 kV 及以下电力管线、直径 500 mm 及以下供水管线、0.8 MPa 及以下燃气管线、信息管线等工程(涉密工程除外)竣工档案的编制。其他类型管线工程可参照执行。

1.0.3 管线档案编制除应符合本标准外,尚应符合国家、行业和本市现行有关标准的规定。

2 术 语

2.0.1 管线工程 pipeline project
指供水、燃气、电力、通信等市政公用管线和热力、油料、化工物料等特种管线及其附属设施,以及集中敷设相关管线的合杆管道及其附属设施。

2.0.2 管线工程文件 pipeline project document
在管线工程建设过程中形成的各种形式的信息记录,包括前期文件、设计文件(含施工图)、施工文件、竣工文件和竣工图,简称工程文件。

2.0.3 前期文件 pre-construction document
在管线工程开工以前的立项、审批、用地、招投标等过程中形成的文件。

2.0.4 设计文件 designing document
在管线工程勘察、设计过程中形成的文件,包括勘察报告、各阶段设计文件(含施工图)等。

2.0.5 施工文件 constructing document
在管线工程施工过程中形成的文件,包括施工技术文件、监理文件等。

2.0.6 竣工文件 as-built document
在管线工程竣工验收活动中形成的文件。

2.0.7 竣工图 as-built drawing
真实反映建设工程施工结果的图样。

2.0.8 管线工程竣工档案 pipeline project as-built archives
在管线工程建设活动中直接形成的、具有归档保存价值的、经过整理的工程文件,简称管线档案。

2.0.9 管线工程电子文件 pipeline project electronic records

在工程建设过程中通过数字设备及环境生成，以数码形式存储于磁带、磁盘或光盘等存储载体，依赖计算机等数字设备阅读、处理，并可在通信网络上传送的文件，简称工程电子文件。

2.0.10 管线工程电子档案 pipeline project electronic archives

工程建设过程中形成的，具有参考和利用价值并作为档案保存的电子文件及其元数据，简称工程电子档案。

2.0.11 索引目录 index list

按某种特定顺序排列、用于揭示管线工程文件组合特征的档案检索工具，包括编制说明、案卷备考信息汇总表、基本信息表、单体表、案卷目录、卷内目录。

2.0.12 案卷目录 file list

概括和揭示一套管线档案中每一个案卷的案卷题名及其他特征并固定案卷排列次序的表格。

2.0.13 卷内目录 innerfile item list

记录卷内文件题名及其他特征并固定文件排列次序的表格。

2.0.14 整理 arrangement

按照一定的原则，对工程文件进行挑选、分类、组合、排列、编目，使之有序化的过程。

2.0.15 组卷 filing

按照一定的原则和方法，将具有保存价值的文件分门类整理成案卷，保持卷内文件有机联系的过程，亦称立卷。

2.0.16 归档 putting into record

文件形成部门或单位完成工作任务后，将形成的文件整理组卷，按规定交本单位档案机构保存的过程。

2.0.17 移交 handing over

文件形成部门或单位将形成的竣工档案按规定向上海市城市建设档案馆(以下简称市城建档案馆)或相应区人民政府、相关派出机构指定的机构(以下简称区城建档案机构)提交的过程。

3 基本规定

3.0.1 管线档案应真实地反映建设全过程，并应按管线工程建设程序进行收集、整理、归档、验收、移交，达到有效、完整、系统的要求。

3.0.2 每个管线工程应至少保存两套管线档案。一套管线档案由建设单位自行保管，应按照相关规定和标准形成、整理和归档；另一套管线档案由建设单位移交市城建档案馆或区城建档案机构保管，归档内容可参考本标准附录 A。

3.0.3 移交市城建档案馆或区城建档案机构保管的管线档案应包括索引目录及全套工程管线档案，并应符合下列规定：

  1 应同时提供纸质索引目录和电子索引目录。

  2 除法律法规另有规定外，符合电子档案管理要求的电子文件可以电子形式移交，不再以传统载体形式移交。

  3 纸质文件应同时移交数字复制件。

3.0.4 涉密文件的管理应符合有关保守国家秘密的规定。

3.0.5 工程文件的形成和积累应纳入工程建设管理的各个环节和有关人员的职责范围，全面反映工程建设活动和工程实际情况。工程文件应随工程建设进度同步形成。

3.0.6 工程电子档案可通过与移交要求相适应的计算机网络进行在线移交，亦可存储在脱机载体上进行离线移交。工程纸质档案应线下实体移交。建设单位在移交工程电子档案前，应进行真实性、完整性、可用性和安全性检测。

3.0.7 建设单位应对移交档案的完整性、真实性、准确性、有效性、系统性、安全性负责。

4 工程文件的质量

4.0.1 工程文件应字迹清楚、图样清晰、图表整洁、签字盖章手续完备。

4.0.2 工程文件中文字材料幅面尺寸宜为 A4 幅面（297 mm×210 mm），图纸图幅应符合现行国家标准《技术制图 图纸幅面和格式》GB/T 14689 的规定。

4.0.3 工程文件为外文版的，案卷目录中的案卷题名和卷内目录中的文件（图纸）名称应用中外文两种文字准确表达。

4.0.4 数字化图纸的绘制应符合相关规定，并满足下列要求：

  1 绘制数字化竣工图时，图纸图签栏中如有变更记录栏，应标注本张图纸的修改依据，内容包括序号、工程设计变更依据性文件名称、内容及修改日期。图纸图签栏中如无变更记录栏，本张图纸的修改依据应标注在本张图纸的文字说明处。

  2 绘制数字化竣工图时，可将修改文字和图形直接绘制于被修改处，应采用"云线"等方式标识。

4.0.5 所有竣工图应加盖符合国家相关规定的竣工图章，竣工图章宜盖在图纸空白处。

  竣工图章示例见图 4.0.5。

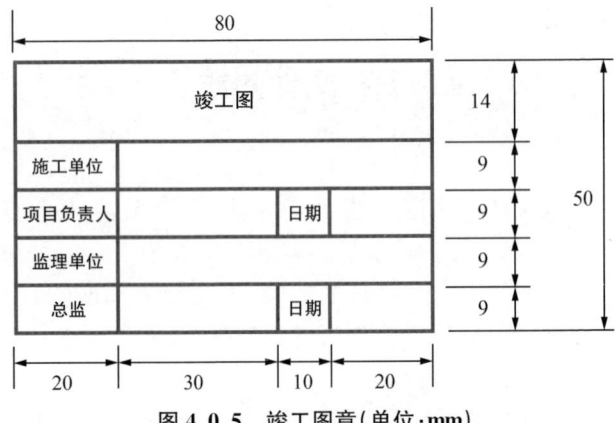

图 4.0.5 竣工图章(单位:mm)

4.0.6 工程设计变更依据性文件应进行汇总,形成汇总表,按本标准附录 B 执行。

5 工程文件的组卷

5.0.1 移交市城建档案馆或区城建档案机构的管线档案宜以建设工程规划许可证所载建设内容或单位（单体）工程为最小单位，并保持管线档案完整性。

5.0.2 组卷应遵循工程文件的自然形成规律和工程专业的特点，保持卷内文件的有机联系。

5.0.3 管线工程所有的文件和图纸可按工程前期、设计、施工、竣工的建设程序排序后整体合并组卷。

5.0.4 工程文件应按同一事项先批复后请示，先正文后附件，先文件材料后附图的顺序排列。

5.0.5 设计文件应按设计程序、单位（单体）工程、专业等排列。

5.0.6 施工技术文件应按单位（单体）工程、专业等排列，其中共性文件可在排列后的第一个单位（单体）工程内集中排列。

5.0.7 监理文件应按单位（单体）工程、专业等排列，排列在各类施工技术文件后，其中共性文件可在排列后的第一个单位（单体）工程内集中排列。

5.0.8 竣工图应按单位（单体）工程、专业、图纸目录顺序等排列。

5.0.9 一个案卷内可均为数字签名电子文件，亦可均为纸质文件及其数字复制件，或二者混合组卷。

5.0.10 纸质工程文件组卷厚度应小于 30 mm，印刷成册的非金属装订的文件，可不拆卷。

6 管线工程电子档案的整理

6.1 管线工程电子档案的组织结构

6.1.1 建设单位应按照本标准第 5 章以及本章第 6.1.2 条的要求,对工程电子文件进行整理,封装固化后,形成工程电子档案。

6.1.2 工程电子文件组织结构应符合下列规定:

1 工程电子档案应采用规范的信息包组织结构,归档信息包以项目名称命名,信息包内包含一个索引目录文件夹和若干个案卷文件夹。其组织结构模型示例见图 6.1.2。

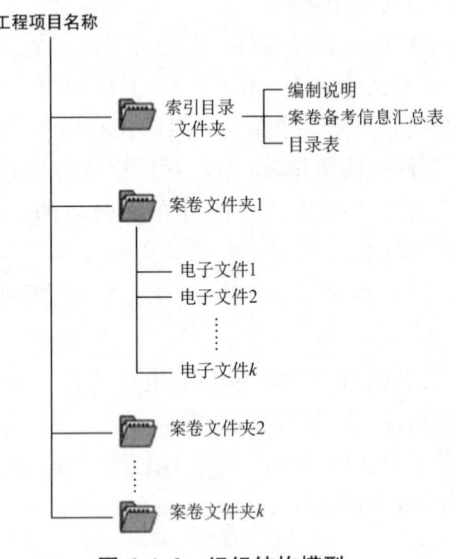

图 6.1.2 组织结构模型

2 索引目录文件夹中应包括编制说明、案卷备考信息汇总表、目录表(包括基本信息表、单体表、案卷目录、卷内目录)，文件夹名称为"索引目录"。

    1）编制说明：电子文件名称为"编制说明"，应按本标准附录 C 执行，提交纸质文件数字复制件或数字签名电子文件。

    2）案卷备考信息汇总表：电子文件名称为"案卷备考信息汇总表"，应按本标准附录 D 执行，提交纸质文件数字复制件或数字签名电子文件。

    3）目录表：文件格式应采用通用的 WPS 表格或 EXCEL 表格格式，内容应由"基本信息表""单体表""案卷目录""卷内目录"构成。

  3 案卷文件夹应采用多级文件夹方式组织。第一级文件夹是案卷级；第二级为电子文件实体或数字化附件文件夹，不同案卷的电子文件应排列在对应的案卷文件夹中，数字签名电子文件和纸质文件数字复制件应与卷内目录一一对应。数字化附件应以文件夹的方式存放在案卷文件夹内，其中可包含一个或多个符合本标准表 6.2.1 格式要求的电子文件。

    1）案卷文件夹的名称由案卷顺序号、分隔符号"＋"和该卷案卷题名组成。

    2）电子文件的名称由案卷顺序号、分隔符号"＋"、卷内顺序号和文件(图纸)名称组成。

    3）数字化附件文件夹的名称由案卷顺序号、分隔符"＋"、卷内顺序号和文件(图纸)名称组成。

6.2　管线工程电子档案的数据要求

6.2.1　归档的工程电子文件应采用或转换为表 6.2.1 所列文件格式。

表 6.2.1 各类电子文件的格式

文件类别	通用格式	
数字签名电子文件	OFD、PDF	
纸质文件数字复制件	OFD、PDF	
其他数字化附件	文本(表格)文件	OFD、DOC、DOCX、XLS、XLSX、PDF、XML、TXT、RFT
	图像文件	RAW、JPG、TIFF、PNG
	图形文件	DWG、PDF/A、SVG
	视频文件	MXF、AVS、AVI、MPEG2、MPEG4
	音频文件	AVS、WAV、AIF、MID、MP3
	数据库文件	SQL、DDL、DBF、MDB、ORA
	建筑信息模型文件	WRL、3DS、VRML、X3D、IFC、RVT、DGN
	地理信息数据文件	DXF、SHP、SDB

6.2.2 数字签名电子文件应符合下列规定：

1 应包含符合规定、具有法律效力的电子签章或电子签名。

2 不得含有"批注""注释"。

3 文件存储格式应符合本标准表 6.2.1 的要求，其中数字化图纸宜包含原始图层信息。

4 电子图纸由 CAD 格式导成 PDF 格式时，应按照原图幅导出。

6.2.3 纸质文件数字复制件应符合下列规定：

1 应与相应纸质文件内容完全一致。

2 扫描色彩模式应最大限度保留档案原件信息：彩色原件应采用彩色模式进行扫描；页面为黑白两色、不带插图的档案，在不影响阅读效果的情况下可采用黑白二值模式扫描；页面为黑白两色、带有插图的档案，宜采用灰度模式扫描。

3 扫描分辨率应保证扫描后图像清晰、完整，不得小于 300 dpi，单个文件存储容量应小于 200 M；如果超过 200 M，应拆分成多份文件(单张图纸可不拆分),同时对应的卷内目录也应拆分成多条记录,每条记录的"文件(图纸)名称"应在其文件标题或图纸名称的全称后加"_"和从1开始的顺序号。

6.2.4 与数字签名电子文件和纸质文件数字复制件相对应的其他数字化附件,可同时收集,文件格式应满足本标准表6.2.1的要求。

6.2.5 工程电子档案索引目录数据结构应符合下列规定:

1 基本信息表的填写应符合表6.2.5-1的规定,特殊情况下,文本型属性项可填"无",数值型属性项可填"0"。

表6.2.5-1 基本信息表

序号	属性名称	类型	约束性	填写要求
1	项目名称	文本	必填	宜填写建设工程规划许可证中建设项目名称或管线工程立项名称
2	建设地址	文本	必填	宜填写建设工程规划许可证中建设地址
3	项目编号1	文本	必填	应填写市规划资源局形成的项目编号
4	项目编号2	文本	必填	应填写市住建委形成的项目编号
5	立项文件文号	文本	必填	填写完整、准确文号
6	建设工程规划许可证号	文本	必填	填写完整、准确证号
7	竣工规划资源验收合格证号	文本	必填	填写完整、准确证号
8	竣工验收证号	文本	必填	填写完整、准确证号
9	工程总投资(万元)	数值	必填	填写数字,保留2位小数,单位为万元
10	开工日期	日期	必填	填写年/月/日,示例:2001/03/16
11	竣工日期	日期	必填	填写年/月/日,示例:2001/03/16
12	建设单位	文本	必填	填全称
13	勘察单位	文本	必填	填全称

续表6.2.5-1

序号	属性名称	类型	约束性	填写要求
14	设计单位	文本	必填	填全称
15	施工单位	文本	必填	填全称
16	监理单位	文本	必填	填全称
17	档案编制单位	文本	必填	填全称
18	是否为涉密工程	文本	必填	填"是"或"否"
19	是否含有涉密文件	文本	必填	填"是"或"否"
20	形成期满25年后是否可以向社会开放	文本	必填	填"是"或"否"
21	档案类别	文本	必填	报送市城建档案馆或区城建档案机构的,应按上海市城建档案分类大纲填写
22	密级	文本	必填	根据卷内文件的最高密级填写
23	编制日期	日期	必填	填写完成编制日期年/月/日,示例:2001/03/16
24	保管期限	文本	必填	应根据卷内文件的保存价值在永久、定期30年、定期10年中选择划定
25	建设单位移交经办人	文本	必填	填写建设单位移交经办人姓名
26	移交经办人电话	文本	必填	填写建设单位移交经办人电话
27	总卷数(卷)	数值	必填,整数	填写所有案卷的总数,包括文件卷数、审查合格施工图卷数、竣工图卷数,索引目录不计入总卷数
28	文件卷数(卷)	数值	必填,整数	填写所有文件案卷的总数
29	审查合格施工图卷数(卷)	数值	必填,整数	填写所有审查合格施工图案卷的总数
30	竣工图卷数(卷)	数值	必填,整数	填写所有竣工图案卷的总数

续表6.2.5-1

序号	属性名称	类型	约束性	填写要求
31	文件页数(页)	数值	必填,整数	填写本项目所有文件(包含附图)的总页数,包括数字签名电子文件与纸质文件数字复制件页数之和,不含数字化附件
32	图纸页数(页)	数值	必填,整数	填写本项目所有图纸(包含审查合格施工图和竣工图)的总页数,包括数字签名电子文件与纸质文件数字复制件页数之和,不含数字化附件
33	纸质文件图纸件数(件)	数值	必填,整数	填写本项目所有纸质文件(包含附图)、图纸的总件数,不含数字化附件
34	电子文件个数(个)	数值	必填,整数	填写本项目所有电子文件的总数,包括数字签名电子文件、纸质文件数字复制件,不含索引目录文件、数字化附件
35	数字化附件个数(个)	数值	必填,整数	填写本项目所有数字化附件的总数

2 管线单体表的填写应符合表6.2.5-2的规定,特殊情况下,文本型属性项可填"无",数值型属性项可填"0"。

表6.2.5-2 管线单体表

序号	属性名称	类型	约束性	填写要求
1	单体序号	数值	必填,整数	从1开始依次填写
2	单体名称	文本	必填	根据工程实际情况填写单体名称
3	建设工程规划许可证号	文本	必填	填写完整、准确证号
4	管线类别	文本	必填	填写电力、供水、信息、燃气等管线类别
5	架空管线(地下管线)	文本	必填	填写"架空管线"或"地下管线"
6	长度(m)	数值	必填	填写管线实际长度,单位为m,数值保留2位小数

3 案卷目录表的填写应符合表6.2.5-3的规定,特殊情况下,文本型属性项可填"无",数值型属性项可填"0"。

表6.2.5-3 案卷目录表

序号	属性名称	类型	约束性	填写要求
1	案卷顺序号	数值	必填	应按案卷排列的先后顺序从"1"开始依次填写
2	案卷号	文本	必填	由档案类别、项目代号、阶段代号、阶段内流水号、项目总流水号等组成
3	案卷题名	文本	必填	应简明、准确地揭示卷内文件的内容
4	图纸页数	数值	必填,整数	填写本案卷所有图纸(包含审查合格施工图和竣工图)的总页数,包括数字签名电子文件与纸质文件数字复制件页数之和,不含数字化附件
5	文件页数	数值	必填,整数	填写本案卷所有文件(包含附图)的总页数,包括数字签名电子文件与纸质文件数字复制件页数之和,不含数字化附件
6	其他页数	数值	选填,整数	应如实填写
7	纸质文件图纸件数	数值	必填,整数	填写本案卷所有纸质文件(包含附图)、图纸的总件数,不含数字化附件
8	电子文件件数	数值	选填,整数	填写本案卷所有电子文件的总数,包括数字签名电子文件、纸质文件数字复制件,不含索引目录文件、数字化附件
9	数字化附件文件个数	数值	选填,整数	填写本案卷所有数字化附件的总数
10	备注	文本	选填	应填写需要说明的内容

4 卷内目录表的填写应符合表6.2.5-4的规定,特殊情况下,文本型属性项可填"无",数值型属性项可填"0"。

表 6.2.5-4 卷内目录表

序号	属性名称	类型	约束性	填写要求
1	案卷顺序号	数值	必填	应与表 6.2.5-3 中对应的案卷顺序号保持一致
2	卷内顺序号	数值	必填	应按卷内文件排列的先后顺序从"1"开始依次填写
3	文件(图纸)名称	文本	必填	应填写文件标题或图纸名称的全称
4	文件(图纸)编号	文本	必填	文件应填写原有的文号即文件的发文号或文件的编号,图纸应填写原有的图号
5	文件类型	文本	必填	"图纸""文件""其他"三选一
6	页数	数值	必填	应填写一份文件(图纸)所有页数的总数,不含数字化附件
7	图幅	文本	必填	应填写文件或图纸的尺寸,应用国家标准图幅标示,文件或图纸图幅加长的,应符合国家相关规定,并在填写图幅后在备注栏中注明"加长"
8	纸质文件类型	文本	必填	原件(简称"YJ")、复印件(简称"FY")或无(简称"W"),"YJ""FY""W"三选一
9	电子文件类型	文本	必填	数字签名电子文件(简称"Q")、纸质数字复制件(简称"S"),"Q""S"二选一
10	纸质文件图纸件数	数值	必填	无应填"0",有应填"1"
11	数字签名电子文件和纸质文件数字复制件件数	数值	必填	无应填"0",有应填"1"
12	数字化附件文件个数	数值	必填	无默认填"0"
13	备注	文本	选填	应填写需要说明的内容

6.3 管线工程电子档案的载体要求

6.3.1 离线移交工程电子档案的存储介质应采用一次性写入档案级可录类蓝光光盘,光盘盒应为硬壳盒。

6.3.2 光盘应符合下列规定:

1 光盘质量应符合现行行业标准《电子档案存储用可录类蓝光光盘(BD-R)技术要求和应用规范》DA/T 74 的规定。

2 光盘盒封面应有标签,标签上应注明载体序号、密级、项目名称、建设单位、案卷起止序号等。光盘盒封面标签样式见图 6.3.2。

载体序号		密级	
项目名称:			
建设单位:			
案卷起止序号			

图 6.3.2 光盘盒封面标签

3 移交单位应使用专门的光盘标签书写笔或专用的光盘标签打印机在光盘标签面进行载体标注,标注内容应包含项目名称、密级。

7 管线工程纸质档案的整理

7.1 管线工程纸质档案的构成

7.1.1 管线档案应提交纸质索引目录。索引目录包括编制说明、案卷备考信息汇总表、基本信息表、单体表、案卷目录、卷内目录。索引目录不计入总卷数。

7.1.2 编制说明的样式应按本标准附录 C 执行,可提交纸质原件,亦可提交数字签名电子文件的纸质打印件。

7.1.3 案卷备考信息汇总表的样式应按本标准附录 D 执行,案卷备考信息汇总表的填写应符合下列规定:

1 案卷顺序号:应按案卷排列的先后顺序从"1"开始依次填写。

2 文件页数(页):应填写本案卷所有文件(包含附图)的总页数,包括数字签名电子文件与纸质文件数字复制件页数之和,不含数字化附件。

3 图纸页数(页):应填写本案卷所有图纸(包含审查合格施工图和竣工图)的总页数,包括数字签名电子文件与纸质文件数字复制件页数之和,不含数字化附件。

4 其他页数(页):应如实填写。

5 合计页数(页):应填写以上所有页数的总数。

6 说明:应填写需要说明的内容。

7 立卷人签名:应为案卷立卷责任人签名。

8 审核人签名:应为建设单位的案卷立卷质量审核人签名。

7.1.4 基本信息表的样式应按本标准附录 E 执行,基本信息表的填写应符合本标准表 6.2.5-1 的规定。

7.1.5 单体表的样式应按本标准附录 F 执行,单体表的填写应符合本标准表 6.2.5-2 的规定。

7.1.6 案卷目录的样式应按本标准附录 G 执行,案卷目录的填写应符合本标准表 6.2.5-3 的规定。

7.1.7 卷内目录的样式应按本标准附录 H 执行,卷内目录的填写应符合本标准表 6.2.5-4 的规定,排列在卷内文件之前。若一并归档某份文件或图纸的其他格式数字化附件,应在该份文件或图纸对应的备注中注明含数字化附件(简称"F"),采用简写形式填入相应空格中。

7.1.8 案卷应包括以下内容:案卷封面、卷内目录、工程文件、案卷备考表。

7.1.9 案卷封面的材质应为 120 g 牛皮纸。案卷封面的样式应按本标准附录 J 执行,案卷封面的填写应符合下列规定:

1 档号:档号应由档案保管单位填写。报送市城建档案馆或区城建档案机构的档案,其档号应由档案类别[大类(属类-小类)]+市、区、派出机构、受委托机构代码+年份+流水号组成。

2 档案馆(室)号:填写国家给定的档案馆的编号。由市城建档案馆或区城建档案机构填写。

3 档案类别、项目名称、建设单位、编制日期、保管期限、密级的填写应符合本标准表 6.2.5-1 的规定。

4 案卷题名的填写应符合本标准表 6.2.5-3 的规定。

5 共××卷 第××卷:应分别填写整套管线档案的总卷数及某一案卷在总卷数中的排列顺序。

7.1.10 案卷备考表的材质应为 120 g 牛皮纸。案卷备考表的样式应按本标准附录 K 执行,案卷备考表的填写应符合本标准第 7.1.3 条的规定。

7.2 管线工程纸质档案的规格和装订

7.2.1 工程文件中小于 A4 幅面的纸质文件应进行托裱。

7.2.2 托裱纸必须是白纸,应单张托裱,文件材料的右边和底边应与托裱纸的右边和底边贴齐。

7.2.3 卷内纸质工程文件均应编页号。单面书写的文件页号应在右上角;双面书写的文件页号,正面应在右上角,背面应在左上角;空白页不编页号。文件托裱的页号应标在原文件上。

7.2.4 单独成卷的纸质图纸不得装订,应按 A4 幅面(297 mm×210 mm)的规格折叠,图面应朝里,图标应外露,页号应标在图面的右上角,折叠方法应按本标准附录 L 执行。

7.3 档案盒

7.3.1 档案盒应为 320 mm×220 mm×50 mm 内径的纸质硬盒,胶水应用硫磷酸酯和富马酸二甲酯。

7.3.2 档案盒封面的填写内容应参照本标准第 7.1.9 条的规定。档案盒封面的样式应按本标准附录 M 执行。

7.3.3 档案盒脊背的样式应按本标准附录 N 执行。

7.3.4 档案盒脊背的填写内容应符合下列规定:
    1 档号:应符合本标准第 7.1.9 条的规定。
    2 案卷号:应符合本标准表 6.2.5-3 的规定。

附录 A 管线工程竣工档案归档范围

表 A-1 电力管线工程竣工档案归档范围

序号	归档文件	保存单位 城建档案机构
一、前期阶段文件		
1	可行性研究报告审批意见及可行性研究报告和附件	△
2	应归档的其他内容	○
二、设计阶段文件		
1	电力电缆选线定位规划设计	▲
2	应归档的其他内容	○
三、施工阶段文件		
1	上海市城市道路掘路执照/上海市公路路政许可证	△
2	占、掘路施工交通安全意见书	△
3	管线交底文件	▲
4	建设工程放样复验结论单(地下管线)	▲
5	建设工程质量人员从业资格审查表(电力建设安全质量培训证书)	▲
6	开工报告	▲
7	竣工报验单、竣工报告	▲
8	工程设计变更依据性文件汇总表及变更文件(包括图纸会审设计交底纪要、技术核定单、设计变更通知、工程签证单等)	▲
9	工程放样(复核)记录	▲
10	施工质量项目划分表	▲
11	单位(子单位)工程竣工质量验收记录	▲
12	分部(子分部)工程质量验收记录	▲

续表 A-1

序号	归档文件	保存单位 城建档案机构
13	工程质量或生产安全事故处理文件资料	▲
14	总监理工程师任命书	▲
15	工程质量评估报告	▲
16	监理工作总结	▲
17	应归档的其他内容	○
四、竣工阶段文件		
1	竣工验收测量成果	△
2	管线监督检验产品质量合格通知书	▲
3	竣工验收报告	▲
4	地下管线测绘竣工报告	▲
5	质量监督报告	▲
6	全套竣工图	▲
7	应归档的其他内容	○

表 A-2 供水管线工程竣工档案归档范围

序号	归档文件	保存单位 城建档案机构
一、前期阶段文件		
1	排管建议书、扩初批复(立项文件)	△
2	应归档的其他内容	○
二、设计阶段文件		
1	管线规划选线报告	▲
2	应归档的其他内容	○
三、施工阶段文件		
1	上海市城市道路掘路执照/上海市公路路政许可证	△

续表A-2

序号	归档文件	保存单位 城建档案机构
2	占、掘路施工交通安全意见书	△
3	管线交底文件	▲
4	水务工程质量人员从业资格审查表	▲
5	开工申请报告	▲
6	设计技术交底	▲
7	工程设计变更依据性文件汇总表及变更文件(包括图纸会审设计交底纪要、技术核定单、设计变更通知、工程签证单等)	▲
8	工程质量事故报告	▲
9	单位(子单位)工程质量竣工验收记录表	▲
10	单位(子单位)工程质量控制资料核查表	▲
11	单位(子单位)工程观感质量核查表	▲
12	单位(子单位)工程结构安全和使用功能性检测记录表	▲
13	分部(子分部)工程质量验收记录	▲
14	工程质量或生产安全事故处理文件资料	▲
15	总监理工程师任命书	▲
16	工程质量评估报告	▲
17	监理工作总结	▲
18	应归档的其他内容	○
四、竣工阶段文件		
1	施工单位签署的工程质量保修书	▲
2	竣工验收报告	▲
3	竣工验收测量成果	△
4	管线监督检验产品质量合格通知书	▲
5	全套竣工图	▲
6	应归档的其他内容	○

表 A-3 燃气管线工程竣工档案归档范围

序号	归档文件	保存单位 城建档案机构
一、前期阶段文件		
1	燃气维护及配套工程报建(登记核定)表(100万元以上)/立项申请审批单	▲
2	应归档的其他内容	○
二、设计阶段文件		
1	管线规划选线报告	▲
2	应归档的其他内容	○
三、施工阶段文件		
1	上海市城市道路掘路执照/上海市公路路政许可证	△
2	占、掘路施工交通安全意见书	△
3	建设工程质量人员从业资格审查表	▲
4	施工单位特种作业人员审查表	▲
5	图纸会审记录	▲
6	管线交底文件	▲
7	工程开工(复工)报告单	▲
8	工程设计变更依据性文件汇总表及变更文件(包括图纸会审设计交底纪要、技术核定单、设计变更通知、工程签证单等)	▲
9	测线放样记录表	▲
10	复测测量记录表及成果图	▲
11	燃气管道工程压力试验鉴定书	▲
12	永久施工围护记录汇总及图纸、桩检测报告	▲
13	单位(子单位)工程、分部、分项工程及检验批划分表	▲
14	单位(子单位)工程质量竣工验收记录	▲
15	单位(子单位)工程质量保证资料核查表	▲
16	单位(子单位)工程观感质量核查表	▲
17	单位(子单位)工程安全和功能检验质量及主要功能抽查记录表	▲

续表A-3

序号	归档文件	保存单位 城建档案机构
18	分部(子分部)工程质量验收记录	▲
19	工程质量或生产安全事故处理文件资料	▲
20	总监理工程师任命书/总监代表授权书	▲
21	工程质量评估报告	▲
22	监理工作总结	▲
23	应归档的其他内容	○
四、竣工阶段文件		
1	压力管道安装安全质量监督检验报告	▲
2	施工单位质量证明书(合格证明书)	▲
3	监理单位工程质量评估报告(合格证明书)	▲
4	竣工验收报告	▲
5	上海市燃气维护及配套工程完工验收备案表(报建项目)	▲
6	非开挖工程物理探查报告	▲
7	竣工验收测量成果	△
8	管线监督检验产品质量合格通知书	▲
9	全套竣工图	▲
10	应归档的其他内容	○

表A-4 信息管线工程竣工档案归档范围

序号	归档文件	保存单位 城建档案机构
一、前期阶段文件		
1	立项依据文件	▲
2	应归档的其他内容	○

续表 A-4

序号	归档文件	保存单位 城建档案机构
二、设计阶段文件		
1	管线规划选线报告	▲
2	物探报告	▲
3	应归档的其他内容	○
三、施工阶段文件		
1	通信工程施工资格证书	△
2	上海市城市道路掘路执照/上海市公路路政许可证	△
3	占、掘路施工交通安全意见书	△
4	管线交底文件	▲
5	开工报告	▲
6	工程设计变更依据性文件汇总表及变更文件(包括图纸会审设计交底纪要、技术核定单、设计变更通知、工程签证单等)	▲
7	控向作业记录及剖面图(非开挖工程)	▲
8	三维数据及三维图(非开挖工程)	▲
9	工程质量问题(事故)报告单	▲
10	工程质量事故处理方案报审表	▲
11	完工通知	▲
12	工程初验情况整改记录表	▲
13	信息管线竣工试通记录表	▲
14	工程验收整改记录表	▲
15	整改复查报审表	▲
16	工程决算路由情况表(含平面图)	▲
17	现场管号表(非开挖工程)	▲
18	工程竣工验收报告	▲

续表A-4

序号	归档文件	保存单位 城建档案机构
19	工程质量或生产安全事故处理文件资料	▲
20	总监理工程师任命书	▲
21	工程质量评估报告	▲
22	监理工作总结	▲
23	应归档的其他内容	○
四、竣工阶段文件		
1	竣工验收测量成果	△
2	管线监督检验产品质量合格通知书	▲
3	全套竣工图	▲
4	应归档的其他内容	○

注：1 表中"城建档案机构"指市城建档案馆和区城建档案机构。符号"▲"表示应以原件归档的文件；"△"表示可以原件或复印件归档的文件；"○"表示选择性归档的文件。
2 建设单位应按照相关标准形成工程文件，并进行收集、整理、归档。上述归档范围仅供参考，若相关标准调整，竣工档案的内容作相应调整。

附录 B 工程设计变更依据性文件汇总表的样式

工程设计变更依据性文件汇总表

序号	变更依据性文件名称	编号	条款	被修改相关图号	备注

施工单位：(盖章)	监理单位：(盖章)
技术负责人：	总监：
项目负责人：	

附录 C 编制说明的样式

××项目
竣工档案编制说明

一、工程概况

项目名称、建设地址、建设单位、勘察单位、设计单位、施工单位、监理单位等。

工程总投资、开工日期、竣工日期等。

工程划分情况：如单位工程等。

二、工程批准文件

立项批复、规划许可、施工许可等文件名称及文号。

三、工程档案编制情况

档案阶段划分情况、总卷数、文件卷数、审查合格施工图卷数、竣工图卷数等。

四、档案资料需要说明的情况（非必填项）

五、案卷号说明

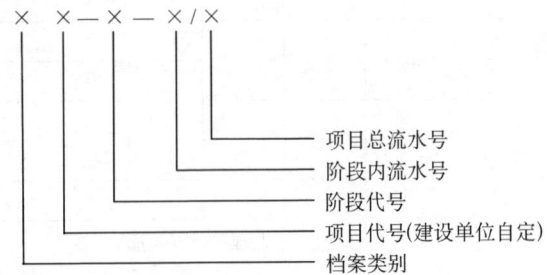

六、本单位对本工程档案作出的必要说明

1. 本工程档案编制单位。

2. 本工程档案形成期满 25 年后是否可以向社会开放。

3. 本工程是否为涉密工程。若是,需说明密级、保密期限、到期解密责任单位、解密条件等,并附相关依据;若不是,需说明是否有涉密文件及涉密文件所在案卷号。

4. 本单位对报送档案的完整性、真实性、准确性、有效性、系统性、安全性负责。

建设单位全称(盖章)
日　　期

附录 D 案卷备考信息汇总表的样式

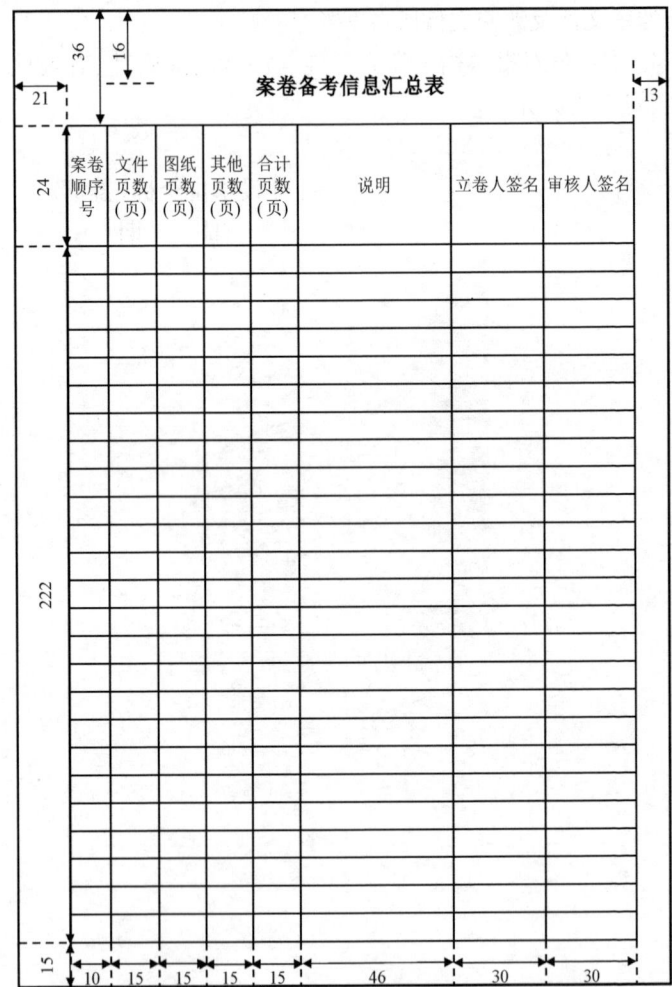

注：1 尺寸单位统一为mm，纸张尺寸为 297 mm×210 mm，空白行共计25行。
    2 标题文字字体为宋体，大小为18磅，加粗；栏目标题文字字体为宋体，大小为14磅；空格内文字字体为宋体，大小为12磅。

附录 E 基本信息表的样式

基本信息表

项目信息	
项目名称	
建设地址	
项目编号 1	
项目编号 2	
立项文件文号	
建设工程规划许可证号	
竣工规划资源验收合格证号	
竣工验收证号	
工程总投资（万元）	
开工日期	
竣工日期	
建设单位	
勘察单位	
设计单位	
施工单位	
监理单位	
档案编制单位	
是否为涉密工程	
是否含有涉密文件	
档案信息	
形成期满 25 年后是否可以向社会开放	
档案类别	
密级	
编制日期	
保管期限	

附录F 单体表的样式

管线单体表

单体序号				
单体名称				
建设工程规划许可证号				
管线类别				
地下管线（架空管线）				
长度(m)				

附录 G 案卷目录的样式

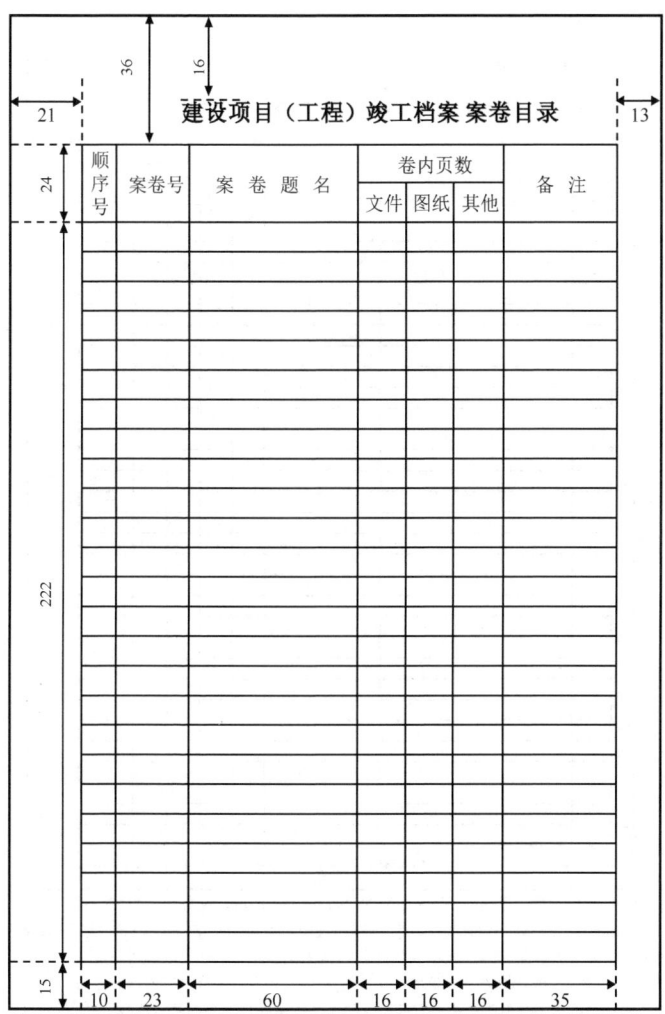

注：1 尺寸单位统一为mm，纸张尺寸为297 mm×210 mm，空白行共计25行。
　　2 标题文字字体为宋体，大小为18磅，加粗；栏目标题文字字体为宋体，大小为14磅；空格内文字字体为宋体，大小为12磅。

附录 H 卷内目录的样式

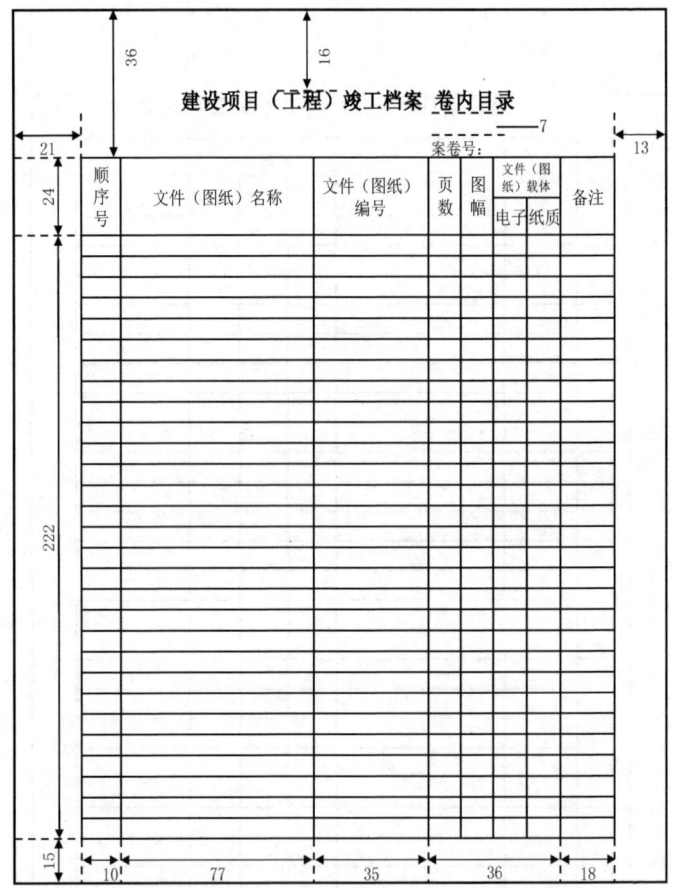

注：1 尺寸单位统一为mm，纸张尺寸为297 mm×210 mm，空白行共计29行。

2 标题文字字体为宋体，大小为18磅，加粗；"案卷号"字体为宋体，大小为11磅；栏目标题文字字体为宋体，大小为14磅；空格内文字字体为宋体，大小为12磅。

3 "纸质"：填写原件（简称"YJ"）、复印件（简称"FY"）或无（简称"W"）（三选一）；"电子"：数字签名电子文件（简称"Q"）、纸质文件数字复制件（简称"S"）(二选一)。

4 若一并归档某份文件或图纸的其他格式数字化附件，应在该份文件或图纸对应的备注中注明含数字化附件（简称"F"）。

附录 J 案卷封面的样式

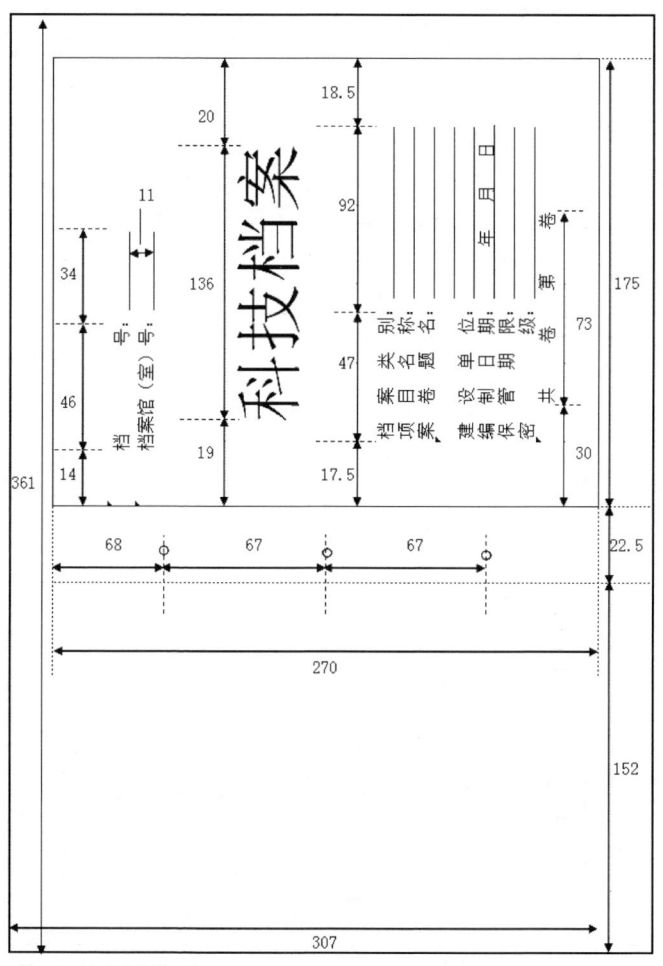

注：1 尺寸单位统一为mm。
　　2 "科技档案"四个字：字体为大宋，大小为111磅，加粗。
　　3 其余文字：字体为中宋，大小为31磅，加粗。

附录 K 案卷备考表的样式

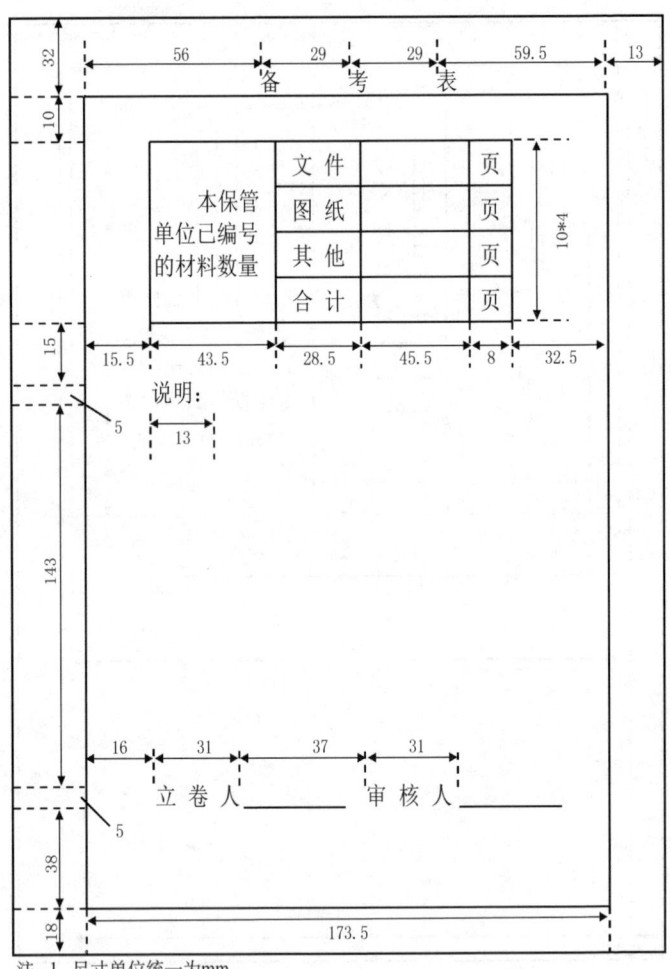

注：1 尺寸单位统一为mm。
   2 标题文字：字体为宋体，大小为15磅。
   3 表格内文字：字体为宋体，大小为15磅。

附录 L 图纸的折叠方式

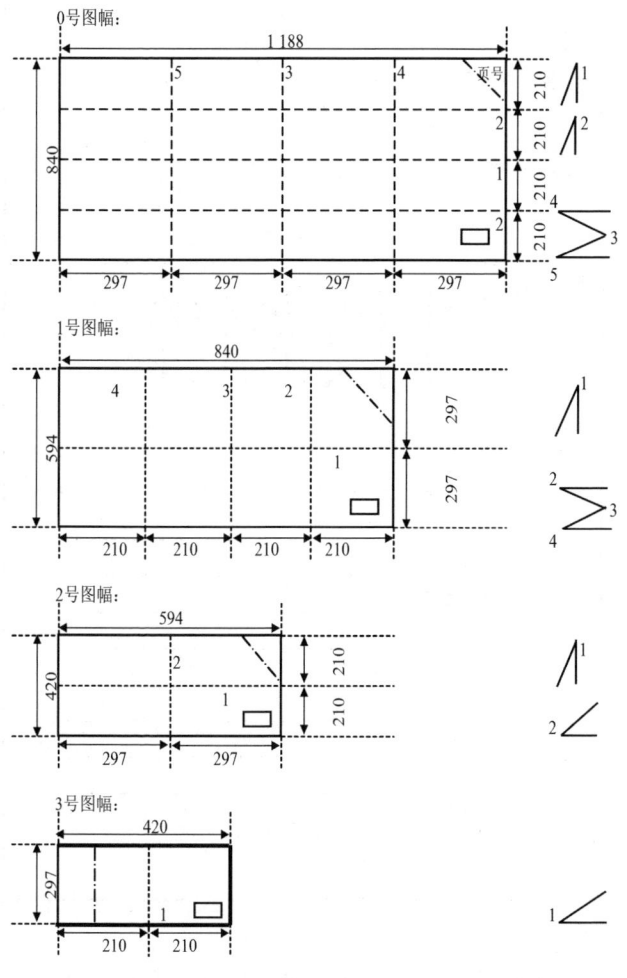

注：尺寸单位统一为mm。

附录 M 档案盒封面的样式

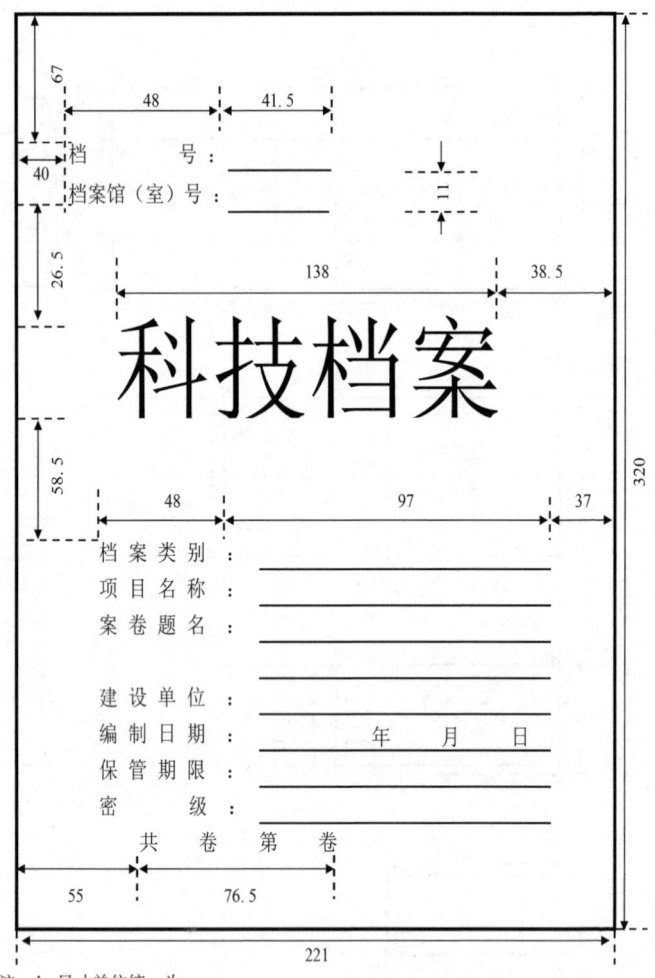

注：1 尺寸单位统一为mm。
    2 "科技档案"字体为大宋，103磅，加粗。其余文字字体为中宋，21磅，加粗。

附录 N 档案盒脊背的样式

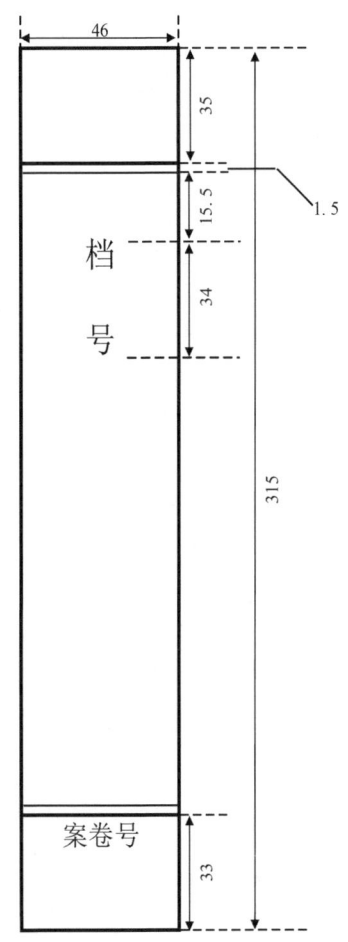

注：1 尺寸单位统一为mm。
    2 文字字体为大宋，"档号"大小为26磅，"案卷号"大小为18磅，左右居中。粗线粗为2.5磅，细线粗为1磅。

本标准用词说明

1 为便于在执行本标准条文时区别对待,对要求严格程度不同的用词,说明如下:

  1)表示很严格,非这样做不可的用词:
    正面词采用"必须";
    反面词采用"严禁"。
  2)表示严格,在正常情况下均应这样做的用词:
    正面词采用"应";
    反面词采用"不应"或"不得"。
  3)表示允许稍有选择,在条件许可时,首先应这样做的用词:
    正面词采用"宜";
    反面词采用"不宜"。
  4)表示有选择,在一定条件下可以这样做的用词,采用"可"。

2 条文中指明应按其他有关标准执行的写法为"应符合……的规定"或"应按……执行"。

引用标准名录

1 《技术制图 图纸幅面和格式》GB/T 14689
2 《电子档案存储用可录类蓝光光盘(BD-R)技术要求和应用规范》DA/T 74

上海市工程建设规范

管线工程竣工档案编制技术标准

DG/TJ 08—2459—2024
J 17895—2025

条文说明

2025　上海

目　次

5 工程文件的组卷 …………………………………… 47
6 管线工程电子档案的整理 ………………………… 48
　6.1 管线工程电子档案的组织结构 ………………… 48
　6.2 管线工程电子档案的数据要求 ………………… 51

Contents

5 Filing formation of construction documents 47
6 Arrangement of pipeline project electronic archives 48
    6.1 Organizational structure of pipeline project electronic archives 48
    6.2 Data requirements for pipeline project electronic archives 51

5 工程文件的组卷

5.0.9 混合组卷,是指一个案卷内既有数字签名电子文件又有纸质文件及其数字复制件,则将数字签名电子文件、纸质文件数字复制件和其他数字化附件(如有)按本标准第 6 章要求整理组卷成电子档案,纸质文件按本标准第 7 章整理组卷成纸质档案。

6 管线工程电子档案的整理

本章适用于移交市城建档案馆或区城建档案机构的管线档案。建设单位自行保管的管线档案可参照执行。

6.1 管线工程电子档案的组织结构

6.1.2 基本信息表、单体表、案卷目录、卷内目录、案卷文件夹的名称、电子文件的名称和数字化附件文件夹的名称应符合下列规定：

1 基本信息表：存放此管线工程的基本要素数据，应统一以"基本信息表"命名该表，表格内容参照本标准表6.2.5-1要求，第一行录入"属性名称"对应的字段，从第二行起录入项目数据，数据格式及约束性条件均应满足本标准表6.2.5-1要求，每个项目产生1条数据记录。

2 单体表：存放此管线工程对应的管线单体数据，应统一以"管线单体表"命名该表，表格内容参照本标准表6.2.5-2要求，表格第一行录入"属性名称"对应的字段，从第二行起录入单体数据，数据格式及约束性条件均应满足本标准表6.2.5-2要求，数据记录之间不得有空行。

3 案卷目录：存放此管线工程对应的案卷目录数据，应统一以"案卷目录"命名该表，表格内容参照表本标准表6.2.5-3要求，表格第一行录入"属性名称"对应的字段，从第二行起录入案卷目录数据，每个案卷产生1条数据记录，数据格式及约束性条件均应满足本标准表6.2.5-3要求，数据记录之间不得有空行。

4 卷内目录：存放此管线工程对应的卷内目录数据，应统一以"卷内目录"命名该表,表格内容参照本标准表6.2.5-4要求,表格第一行录入"属性名称"对应的字段,从第二行起录入卷内目录数据,每份电子文件产生1条卷内数据记录,数据格式及约束性条件均应满足表6.2.5-4要求,数据记录之间不得有空行。每条卷内数据记录应对应1个数字签名电子文件或纸质文件数字复制件,还可同时对应1个或多个数字化附件,但不得仅对应数字化附件。

5 案卷文件夹的名称由案卷顺序号、分隔符号"＋"和该卷案卷题名组成,应符合下列规定：

1) 案卷顺序号应与"案卷目录"表中的案卷顺序号保持一致,从"1"开始依次编号。
2) 分隔符应采用半角英文符号"＋"作为案卷顺序号与案卷题名之间分隔,分隔符与案卷顺序号及案卷题名之间不得有空格。
3) 案卷题名应与"案卷目录"表中的"案卷题名"内容保持一致,不得含分隔字符"＋"。

示例见图1。

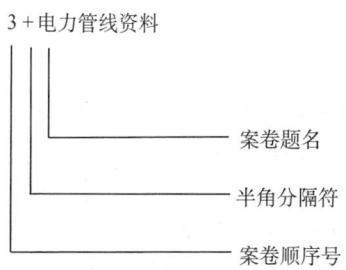

图1 案卷文件夹名称组成

6 电子文件的名称由案卷顺序号、分隔符号"＋"、卷内顺序号和文件(图纸)名称组成,应符合下列规定：

1) 案卷顺序号应与"案卷目录"表中的案卷顺序号保持一

致,从"1"开始依次编号。

2) 分隔符应采用半角英文符号"+"作为案卷顺序号与卷内顺序号、卷内顺序号与文件(图纸)名称之间分隔,分隔符与案卷顺序号、卷内顺序号及文件(图纸)名称之间不得有空格。

3) 卷内顺序号应与"卷内目录"表中的对应记录的卷内顺序号保持一致,从"1"开始依次编号。

4) 文件(图纸)名称应与"卷内目录"表中对应记录的"文件(图纸)名称"内容保持一致,不得含分隔字符"+"。

示例见图2。

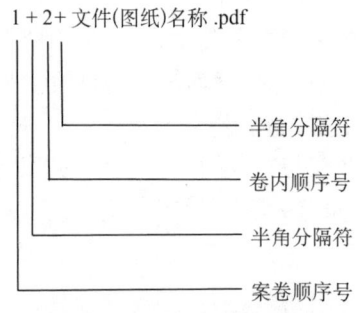

图2 电子文件名称组成

"1+2+文件(图纸)名称.pdf"表示案卷顺序号为1的第二条卷内目录对应的电子文件。

7 数字化附件文件夹的名称由案卷顺序号、分隔符"+"、卷内顺序号和文件(图纸)名称组成,应符合下列规定:

1) 案卷顺序号应与"案卷目录"表中的案卷顺序号内容保持一致,从"1"开始依次编号。

2) 分隔符应采用半角英文符号"+"作为案卷顺序号与卷内顺序号、卷内顺序号与文件(图纸)名称之间分隔,分隔符与案卷顺序号、卷内顺序号及文件(图纸)名称之间不得有空格。

3) 卷内顺序号应与"卷内目录"表中的对应记录的卷内顺序号保持一致。
4) 文件(图纸)名称应于"卷内目录"表中对应记录的的"文件(图纸)名称"内容保持一致。

示例见图3。

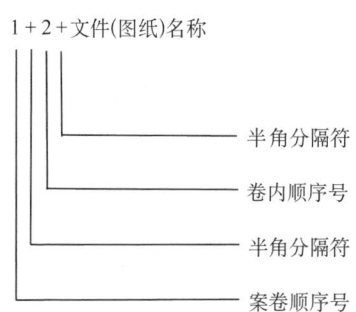

图3 数字化附件文件夹名称组成

以"1＋2＋文件(图纸)名称"命名的文件夹表示案卷顺序号为1的第二条卷内目录对应的数字化附件文件夹。

数字化附件文件夹内电子文件可以有1个或多个,不得为空,电子文件命名应能准确反映电子文件的内容。

6.2 管线工程电子档案的数据要求

6.2.1 数字签名电子文件是指与传统载体文件具有同等法律效力,可以以电子形式作为凭证使用的电子文件,并应符合本标准第6.2.1条和第6.2.2条的要求。

纸质文件数字复制件是指纸质文件经过数字化加工过程后形成的,存储在磁带、磁盘、光盘等载体上并能被计算机等电子设备识别的数字图像。

其他数字化附件是指区别于数字签名电子文件、纸质文件数字复制件,仅为便于后续利用和辅助备查的电子文件。

6.2.5 案卷号和案卷题名应符合下列规定：

1 案卷号应由档案类别、项目代号、阶段代号、阶段内流水号、项目总流水号等组成。

　　1）档案类别：应按上海市城建档案分类大纲填写。

　　2）项目代号：由建设单位根据项目名称自定，宜为2个到3个拼音字母。

　　3）阶段代号：应以数字0表示。

　　4）阶段内流水号：应按顺序编排阶段内的流水号。

　　5）总流水号：应按顺序编排项目的总流水号。

示例见图4。

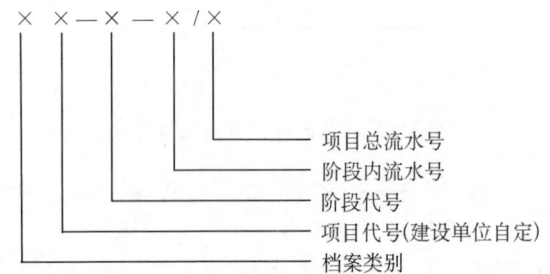

图4 案卷号组成

2 案卷题名应包括管线名称、卷内文件概要等内容，必要时可增加工程里程起止桩号。